Nathan Stone

L'INTELLIGENCE AMOUREUSE

Comment développer facilement une compréhension émotionnelle et une communication efficace, afin de construire une relation amoureuse saine et heureuse

Éditions BLACK & RED

« Mieux vaut un ennemi intelligent qu'un partenaire amoureux stupide. »

Tables des matières

Introduction

Bienvenue dans le monde merveilleux de l'amour, et dans celui on ne peut plus passionnant de l'intelligence amoureuse !

Nous avons tous des expériences différentes en matière de relations amoureuses, mais il y a une chose que nous avons en commun : nous voulons tous être aimés et heureux. Cependant, cela n'est pas toujours facile. Les relations amoureuses sont une fabuleuse source d'allégresse, mais peuvent aussi parfois entraîner souffrance et confusion. La plupart d'entre nous en ont fait l'amère expérience et cela fait partie du voyage de la vie, du voyage vers le bonheur qui se construit pierre après pierre, avec les moments heureux, mais encore davantage grâce aux échecs et aux déceptions.

D'ailleurs, si vous lisez ceci, c'est que vous êtes maintenant décidé à prendre votre vie en main et à accélérer la construction de votre bonheur ! Car ce livre risque bien de tout changer pour vous, en vous dévoilant des astuces et des techniques fructueuses pour développer une compréhension émotionnelle et une communication efficace, afin de construire une relation amoureuse saine et heureuse. Oui, vous avez bien lu : il est maintenant temps d'arrêter de jouer les romantiques maladroits ou les potiches entichées et de devenir un vrai maître de l'amour !

Dans ce livre, vous serez guidé à travers les différentes dimensions de l'intelligence amoureuse et vous apprendrez comment développer les compétences clés qui vous aideront à comprendre vos émotions et celles de votre partenaire, ainsi qu'à communiquer efficacement. Vous découvrirez également comment construire une relation amoureuse saine et heureuse en cultivant la confiance, le respect mutuel et l'engagement, ainsi qu'en renforçant l'intimité et la sexualité.

Au fil des pages, vous découvrirez des techniques pratiques pour améliorer votre intelligence émotionnelle, votre communication et votre capacité à résoudre les conflits de manière constructive. Vous apprendrez également comment maintenir une relation amoureuse saine et heureuse dans la durée, en évitant les pièges courants qui peuvent la mettre en péril.

Bref, que vous soyez célibataire, en couple depuis peu ou depuis longtemps, ce livre vous aidera à développer une intelligence amoureuse solide qui vous permettra de créer une relation amoureuse saine et heureuse.

Et maintenant, plongez-vous avec délice et sans retenue dans cet univers passionnant et laissez-vous guider sur le chemin de l'intelligence amoureuse : il est plus que temps de devenir un vrai champion de l'amour et de construire une vie amoureuse épanouissante !

L'intelligence amoureuse

Partie I

Comprendre l'intelligence amoureuse

L'intelligence amoureuse

1. Qu'est-ce que l'intelligence amoureuse ?

a. Définition de l'intelligence amoureuse

La définition de l'intelligence amoureuse peut varier selon les experts, mais de manière générale, il s'agit de la capacité à comprendre et à gérer ses propres émotions, ainsi que celles de son partenaire, dans le contexte d'une relation amoureuse. L'intelligence amoureuse implique également la capacité à communiquer efficacement avec son partenaire, à résoudre les conflits de manière constructive, à créer une connexion émotionnelle forte et à maintenir une relation amoureuse saine et heureuse.

Pour développer une intelligence amoureuse, il faut comprendre les différentes dimensions qui la composent. En effet, l'intelligence amoureuse ne se limite pas seulement à la compréhension émotionnelle et à la communication efficace, mais englobe également d'autres compétences telles que l'empathie, l'adaptabilité, la tolérance à la frustration, la capacité à donner et recevoir de l'amour, la confiance en soi et la résilience face aux épreuves.

Il est également important de noter que l'intelligence amoureuse est un processus en constante évolution. Elle peut être développée et améliorée tout au long de la vie, à condition d'y consacrer du temps, de l'énergie et de la volonté. En effet, comme toute compétence, l'intelligence amoureuse peut être renforcée par la pratique et l'expérience.

Enfin, il faut souligner que l'intelligence amoureuse est essentielle pour des relations amoureuses épanouissantes et durables. Elle permet de mieux comprendre son partenaire, de résoudre les conflits de manière constructive, de communiquer efficacement et de maintenir une relation saine et heureuse. En développant son intelligence amoureuse, on peut ainsi améliorer sa vie amoureuse et favoriser une relation épanouissante et durable avec son partenaire.

b. Les différentes dimensions de l'intelligence amoureuse

Les différentes dimensions de l'intelligence amoureuse sont multiples et complexes. En effet, celle-ci ne se limite pas à une seule compétence, mais plutôt à un ensemble de compétences qui permettent de comprendre et de gérer les relations amoureuses de manière efficace. Voici quelques-unes des dimensions clés de l'intelligence amoureuse :

• La conscience de soi : la conscience de soi est la capacité de reconnaître ses propres émotions, de comprendre ce qui les déclenche et de les gérer de manière appropriée. Les personnes qui ont une haute intelligence amoureuse sont conscientes de leurs propres besoins, limites, valeurs et émotions, ce qui leur permet de mieux communiquer et d'interagir avec leur partenaire.

• La gestion des émotions : la gestion des émotions est la capacité de réguler ses propres émotions et de les exprimer de manière appropriée. Les personnes qui ont une haute intelligence amoureuse peuvent identifier leurs émotions et les gérer de manière constructive, évitant ainsi les réactions impulsives et les comportements nuisibles.

• L'empathie : l'empathie est la capacité de comprendre et de ressentir les émotions des autres. Les personnes qui ont une haute intelligence amoureuse sont capables de se mettre à la place de leur partenaire, de comprendre ses émotions et de répondre de manière appropriée.

• La communication efficace : la communication efficace est la capacité de communiquer de manière claire et concise, en utilisant des compétences d'écoute active et de résolution de conflits. Les personnes qui ont une haute intelligence amoureuse présentent la faculté de communiquer de manière ouverte, honnête et constructive, en évitant les malentendus et les conflits.

• La résolution de problèmes : la résolution de problèmes est la capacité de trouver des solutions créatives aux problèmes qui se posent dans la relation amoureuse. Les personnes qui ont une haute intelligence amoureuse peuvent trouver des solutions constructives aux problèmes, en utilisant la communication efficace et la collaboration avec leur partenaire.

• La compréhension des besoins de l'autre : la compréhension des besoins de l'autre est la capacité de comprendre les besoins et les désirs de son partenaire, et de répondre à ces besoins de manière appropriée. Les personnes qui ont une haute intelligence amoureuse sont capables de répondre aux besoins de leur partenaire, en étant attentifs et compréhensifs.

En résumé, l'intelligence amoureuse est un ensemble de compétences qui permettent de comprendre et de gérer les relations amoureuses de manière efficace. Les différentes dimensions de l'intelligence amoureuse sont complémentaires et interdépendantes, et une personne qui a une haute intelligence amoureuse sera capable de les intégrer de manière cohérente dans sa vie amoureuse.

c. L'importance de l'intelligence amoureuse dans une relation amoureuse

L'importance de l'intelligence amoureuse dans une relation amoureuse ne peut être surestimée. En effet, l'intelligence amoureuse est essentielle pour créer et maintenir une relation amoureuse saine et épanouissante.

Tout d'abord, l'intelligence amoureuse permet de mieux comprendre ses propres émotions et celles de son partenaire. En étant conscient de ses propres émotions, on peut mieux les gérer et les exprimer de manière constructive dans la relation. De même, en étant capable de reconnaître les émotions de son partenaire, on peut mieux répondre à ses besoins émotionnels et éviter les malentendus.

De plus, l'intelligence amoureuse favorise une communication efficace. En effet, être capable de communiquer clairement et de manière constructive est indispensable pour résoudre les conflits, exprimer ses besoins et renforcer la connexion émotionnelle dans la relation.

Enfin, l'intelligence amoureuse permet de maintenir une relation amoureuse saine et heureuse à long terme. En étant capable de reconnaître les signes de stress et de tension dans la relation, on peut prendre les mesures nécessaires pour éviter les problèmes plus graves. De même, en étant capable de maintenir une connexion émotionnelle forte avec son partenaire, on peut continuer à renforcer la relation au fil du temps.

Comme nous venons de le voir, l'intelligence amoureuse est donc essentielle pour comprendre ses propres émotions et celles de son partenaire, pour communiquer efficacement, pour résoudre les conflits et pour maintenir une relation saine et heureuse à long terme.

2. Les compétences clés de l'intelligence amoureuse

a. La gestion des émotions

La gestion des émotions est l'une des compétences clés de l'intelligence amoureuse. Dans une relation amoureuse, il est important de savoir identifier, comprendre et gérer ses propres émotions ainsi que celles de son partenaire. Cela implique une capacité à réguler les émotions négatives, à exprimer ses sentiments de manière constructive et à maintenir un équilibre émotionnel sain dans la relation.

La gestion des émotions implique également la capacité de prendre du recul et de se concentrer sur des solutions positives plutôt que sur des émotions négatives. Cela peut être particulièrement utile dans les moments de stress ou de conflit dans une relation amoureuse.

En outre, la gestion des émotions contribue à améliorer la communication et à réduire les conflits dans une relation amoureuse. En sachant comment réguler ses propres émotions, on comprendra mieux les émotions de son partenaire et on évitera ainsi les malentendus ou les réactions excessives.

Dans une relation amoureuse saine et heureuse, la gestion des émotions est donc une compétence fondamentale qui permet de maintenir un équilibre émotionnel positif et de favoriser une communication saine et efficace entre les partenaires. Les techniques de gestion émotionnelle peuvent être apprises et pratiquées afin de développer une intelligence amoureuse plus élevée et de renforcer la santé émotionnelle de la relation amoureuse.

b. La communication efficace

La communication efficace est une compétence clé de l'intelligence amoureuse qui permet d'établir une relation saine et harmonieuse avec son partenaire. Elle consiste à exprimer ses pensées, sentiments et besoins de manière claire et à écouter activement l'autre personne.

Pour communiquer efficacement dans une relation amoureuse, il est important de prendre en compte plusieurs éléments clés. Tout d'abord, il est crucial de choisir le bon moment et le bon endroit pour avoir une conversation importante. Évitez les moments de stress ou de fatigue et choisissez un lieu calme où vous pourrez vous concentrer sur la conversation.

Ensuite, assurerez-vous que la communication est constructive et non critique. Utilisez un langage positif et évitez les accusations ou les critiques personnelles. Formulez plutôt vos besoins et vos sentiments de manière constructive, en utilisant des « je » plutôt que des « tu » pour exprimer vos pensées.

Il est également capital d'écouter activement l'autre personne et de prendre en compte ses sentiments et ses besoins. Montrez que vous êtes attentif en posant des questions et en répétant ce que vous avez entendu pour vous assurer que vous avez bien compris. Essayez de vous mettre à la place de votre partenaire pour mieux comprendre sa perspective.

Enfin, essayez autant que possible de rester ouvert et

de respecter les opinions et les sentiments de l'autre personne, même si vous n'êtes pas d'accord. Soyez prêt à faire des compromis et à travailler ensemble pour trouver des solutions mutuellement satisfaisantes.

Une communication efficace dans une relation amoureuse aide à résoudre les problèmes, à renforcer la confiance et à améliorer la compréhension mutuelle. En améliorant cette compétence clé de l'intelligence amoureuse, vous pourrez construire une relation plus saine et plus heureuse avec votre partenaire. Mais nous aurons l'occasion d'y revenir plus en détail.

c. L'empathie et la compréhension de l'autre

L'empathie et la compréhension de l'autre sont deux compétences clés de l'intelligence amoureuse qui sont essentielles pour maintenir une relation saine et harmonieuse. L'empathie consiste à se mettre à la place de l'autre et à ressentir ses émotions, tandis que la compréhension de l'autre implique la capacité de comprendre les besoins, les désirs et les motivations de son partenaire.

L'empathie s'avérera indispensable pour maintenir une connexion émotionnelle avec son partenaire. En étant empathique, on peut mieux comprendre les émotions de l'autre et montrer que l'on se soucie de ses sentiments. Cela aide à éviter les conflits et à résoudre les problèmes en communication. Par exemple, si votre partenaire est stressé par une situation au travail, être empathique vous permettra de lui apporter un soutien émotionnel et de trouver des solutions ensemble.

La compréhension de l'autre est également primordiale pour établir une relation durable et épanouissante. En étant capable de comprendre les besoins et les désirs de son partenaire, on est à même de mieux répondre à ses attentes et de lui apporter un soutien dans sa vie quotidienne. Cela aide également à renforcer la confiance et la sécurité dans la relation. Par exemple, si votre partenaire exprime le besoin d'être soutenu dans un projet personnel, la compréhension de ses objectifs vous permettra de l'aider de manière plus efficace et de renforcer votre connexion émotionnelle.

Ces compétences seront améliorées en apprenant à être plus attentif aux signaux non verbaux et verbaux de l'autre, en posant des questions pour mieux comprendre ses pensées et en écoutant attentivement ses réponses. En outre, être conscient de ses propres émotions et de ses propres besoins aidera à mieux comprendre les émotions et les besoins de son partenaire. En pratiquant régulièrement l'empathie et la compréhension de l'autre, vous renforcerez la qualité de la relation et maintiendrez de ce fait une connexion émotionnelle saine et épanouissante.

3. Pourquoi l'intelligence amoureuse est-elle importante dans les relations amoureuses ?

a. Les avantages de l'intelligence amoureuse dans une relation amoureuse

L'intelligence amoureuse s'avère indispensable pour le développement et le maintien d'une relation amoureuse saine et durable. Voici quelques-uns des avantages que peut apporter l'intelligence amoureuse dans une relation amoureuse :

• Une communication plus efficace : l'intelligence amoureuse permet de mieux comprendre les émotions et les besoins de son partenaire, ce qui facilite une communication plus efficace. Les couples qui ont une bonne communication ont moins de conflits et sont plus à même de résoudre les problèmes rapidement.

• Une meilleure compréhension de l'autre : l'empathie et la compréhension de l'autre permettent de mieux se connecter émotionnellement avec son partenaire et de mieux comprendre ses sentiments. Cela aide à renforcer la relation et à éviter les malentendus.

• Une gestion des conflits plus saine : l'intelligence amoureuse permet de mieux gérer les conflits et les désaccords qui peuvent survenir dans une relation amoureuse. Les couples qui ont une bonne intelligence amoureuse sont capables de gérer les conflits sans recourir à la violence ou à la manipulation.

• Une relation plus épanouissante : les couples qui ont une bonne intelligence amoureuse ont tendance à se sentir plus heureux et plus satisfaits de leur relation. En comprenant les besoins émotionnels de leur partenaire, ils sont mieux à même de répondre à ces besoins et de maintenir une relation épanouissante.

• Une plus grande résilience : les couples qui ont une bonne intelligence amoureuse sont mieux équipés pour faire face aux défis et aux difficultés de la vie ensemble. En comprenant les émotions et les besoins de leur partenaire, ils peuvent apporter un soutien émotionnel mutuel et se sentir plus en sécurité dans leur relation.

En somme, comme vous le réalisez certainement maintenant, l'intelligence amoureuse est essentielle pour une relation amoureuse saine et heureuse : les couples qui possèdent ces compétences ont plus de chances de maintenir une relation épanouissante et durable sur le long terme.

b. Les conséquences d'un manque d'intelligence amoureuse

Le manque d'intelligence amoureuse peut avoir des conséquences néfastes sur une relation amoureuse. Tout d'abord, il peut causer une communication inefficace et des malentendus, ce qui conduira inévitablement à des conflits et à des disputes. Si l'un des partenaires a des difficultés à comprendre les émotions de l'autre, cela entraînera des frustrations et des incompréhensions, ce qui peut finalement mener à une rupture.

Un manque d'empathie peut également affecter négativement la relation. Si l'un des partenaires ne se soucie pas des émotions et des sentiments de l'autre, cela causera de la douleur et de la frustration. De même, si l'un des partenaires ne parvient pas à réguler ses propres émotions, cela entraînera des explosions émotionnelles, ce qui sera forcément difficile pour l'autre partenaire à gérer.

Le manque d'intelligence amoureuse peut également entraîner un manque de confiance dans la relation. Si l'un des partenaires ne se sent pas compris ou soutenu émotionnellement, cela conduira à une perte de confiance dans la relation. De même, si l'un des partenaires ne parvient pas à exprimer ses besoins et ses émotions de manière claire et efficace, cela entraînera aussi un manque de confiance.

Enfin, le manque d'intelligence amoureuse peut conduire à une stagnation dans la relation. Si les deux partenaires ne sont pas en mesure de se comprendre mutuellement et de communiquer efficacement, la relation risque de devenir ennuyeuse et monotone. Les conflits non résolus peuvent également s'accumuler, ce qui peut finalement conduire à une rupture.

Pour résumer, un manque d'intelligence amoureuse peut avoir des conséquences négatives, voire désastreuses, sur une relation amoureuse : cela peut conduire à une communication inefficace, à des conflits, à une perte de confiance dans la relation, et finalement à la rupture.

c. Les raisons pour lesquelles l'intelligence amoureuse peut être difficile à développer

Bien que l'intelligence amoureuse soit une compétence essentielle dans les relations amoureuses, elle peut parfois être difficile à développer pour certaines personnes. Voici quelques raisons possibles :

• Expériences passées : les expériences passées, telles que les traumatismes, les ruptures douloureuses ou les relations toxiques, peuvent affecter la capacité d'une personne à développer des compétences d'intelligence amoureuse. Ces expériences laissent des cicatrices émotionnelles qui rendent difficile la confiance en soi et la capacité à établir une relation saine et équilibrée.

• Éducation et culture : la manière dont une personne a été élevée peut également influencer sa capacité à développer des compétences d'intelligence amoureuse. Certaines cultures ou éducations présent des attentes rigides en matière de rôles de genre, de relations interpersonnelles ou de communication, qui limitent la compréhension et la pratique de l'intelligence amoureuse.

• Peur de la vulnérabilité : l'intelligence amoureuse nécessite souvent de la vulnérabilité, c'est-à-dire de laisser tomber sa garde et d'exprimer ses émotions et ses besoins. Pour certaines personnes, cela peut être difficile car cela est perçu comme une faiblesse ou un risque d'être blessé. Par conséquent, elles auront tendance à se fermer ou à fuir les relations amoureuses pour éviter de se mettre en danger.

• Manque de pratique : comme toute compétence, l'intelligence amoureuse nécessite de la pratique et de la patience. Certaines personnes peuvent ne pas avoir eu l'opportunité de développer ces compétences, que ce soit en raison de l'absence de modèles de rôles positifs, de relations amoureuses passées difficiles ou simplement du manque de pratique dans des relations saines et équilibrées.

Quoi qu'il en soit, rappelez-vous bien que le développement de l'intelligence amoureuse est un processus continu et qu'il est possible de la cultiver avec le temps et l'effort. Il est parfois utile de rechercher des ressources telles que des thérapies, des livres ou des coachs en relations amoureuses pour aider à développer ces compétences.

Partie II

Développer une compréhension émotionnelle

L'intelligence amoureuse

1. Les bases de l'intelligence émotionnelle

a. La définition de l'intelligence émotionnelle

L'intelligence émotionnelle est un concept développé par le psychologue américain Daniel Goleman dans les années 1990. Elle se réfère à la capacité d'une personne à reconnaître, comprendre et gérer ses propres émotions, ainsi que celles des autres. Cette compétence implique également la capacité de communiquer efficacement avec les autres, de résoudre les conflits et de maintenir des relations saines et positives.

Selon Goleman, l'intelligence émotionnelle repose sur cinq compétences principales :

• La conscience de soi : la capacité de reconnaître ses émotions, ses impulsions et ses motivations et d'en être conscient. Cette compétence permet de mieux comprendre ses propres réactions émotionnelles, de reconnaître les situations qui déclenchent ces réactions et de mieux les gérer.

• La régulation émotionnelle : la capacité de gérer ses émotions de manière efficace et de les exprimer de manière appropriée. Cette compétence implique également la capacité à maintenir un état émotionnel positif et à gérer le stress.

• La motivation : la capacité à se motiver soi-même et à persévérer malgré les obstacles. Cette compétence implique également la capacité à fixer des objectifs et à travailler de manière efficace pour les atteindre.

• L'empathie : la capacité de comprendre les émotions, les besoins et les motivations des autres. Cette compétence permet de mieux communiquer avec les autres, de créer des liens de confiance et de résoudre les conflits de manière constructive.

• Les compétences sociales : la capacité de communiquer efficacement, de collaborer avec les autres, de résoudre les conflits et de maintenir des relations positives. Cette compétence implique également la capacité à diriger les autres, à influencer les autres et à inspirer les autres.

En somme, l'intelligence émotionnelle est la capacité à reconnaître, comprendre et gérer ses propres émotions, ainsi que celles des autres. Elle implique également la capacité de communiquer efficacement, de résoudre les conflits et de maintenir des relations saines et positives. Les compétences clés de l'intelligence émotionnelle sont la conscience de soi, la régulation émotionnelle, la motivation, l'empathie et les compétences sociales.

b. Les différentes compétences liées à l'intelligence émotionnelle

L'intelligence émotionnelle est composée de différentes compétences interdépendantes qui permettent de comprendre et de gérer ses émotions ainsi que celles des autres. Les quatre principales compétences de l'intelligence émotionnelle sont l'autoperception, la gestion émotionnelle, l'empathie et les compétences sociales.

• L'autoperception est la capacité à reconnaître et à comprendre ses propres émotions. Cette compétence implique une prise de conscience de ses émotions, de leur intensité et de leur influence sur ses pensées et ses comportements. Elle permet de mieux comprendre ses réactions émotionnelles et de les réguler.

• La gestion émotionnelle est la capacité à gérer ses émotions de manière constructive. Elle permet de gérer le stress et les situations difficiles, de résoudre les problèmes avec efficacité et de faire face aux défis de manière proactive. Elle implique également la capacité à réguler ses émotions de manière appropriée, en évitant les réactions excessives ou inadaptées.

• L'empathie est la capacité à comprendre les émotions et les sentiments des autres. Cette compétence implique de pouvoir se mettre à la place des autres et de ressentir leur point de vue. Elle aide à mieux comprendre les autres, à communiquer plus efficacement et à construire des relations plus solides.

• Enfin, les compétences sociales sont la capacité à interagir avec les autres de manière efficace. Elles incluent la communication, la collaboration, la négociation et la résolution de conflits. Ces compétences permettent de créer des relations positives et de travailler en équipe de manière efficace.

Toutes ces compétences sont interdépendantes et se renforcent mutuellement. Une bonne compréhension et une bonne gestion de ses propres émotions contribuent à mieux comprendre celles des autres, et vice versa. De même, une bonne communication et des compétences sociales efficaces facilitent grandement la gestion des émotions et la régulation des réactions émotionnelles.

c. L'importance de l'intelligence émotionnelle dans une relation amoureuse

L'intelligence émotionnelle est extrêmement importante dans une relation amoureuse, car elle permet aux partenaires de mieux comprendre et de gérer leurs propres émotions, ainsi que celles de leur partenaire. Cela aide à prévenir les conflits inutiles, à renforcer la communication et à construire une relation plus solide et plus intime.

Lorsqu'une personne est dotée d'une intelligence émotionnelle élevée, elle est mieux équipée pour gérer les situations difficiles et les conflits avec son partenaire. Elle est capable de reconnaître ses propres émotions et celles de son partenaire, ce qui facilite la communication et évite les malentendus. Elle est également capable de réguler ses propres émotions, ce qui lui évite d'avoir des comportements impulsifs ou destructeurs.

En outre, l'intelligence émotionnelle permet de développer une plus grande empathie pour son partenaire, ce qui renforce la compréhension mutuelle et la connexion émotionnelle. Une personne qui est capable de comprendre les émotions de son partenaire est plus à même de répondre à ses besoins émotionnels et de construire une relation plus satisfaisante et plus épanouissante.

En somme, l'intelligence émotionnelle favorise fortement la construction une relation plus équilibrée, plus harmonieuse et plus enrichissante. Elle permet de mieux comprendre les émotions de soi-même et de son partenaire, de mieux communiquer et de mieux gérer les conflits. Dans une relation amoureuse, cela sera la clé du succès et de l'épanouissement mutuel.

2. Comment améliorer sa propre intelligence émotionnelle

a. Les exercices pour développer l'intelligence émotionnelle

Pour améliorer son intelligence émotionnelle, il existe plusieurs exercices qu'il est préconisé de pratiquer régulièrement :

• L'auto-observation : il est important de prendre le temps d'observer ses propres émotions et de les identifier. Pour cela, vous pouvez tenir un journal de ses émotions et de ses réactions face à différentes situations de la vie quotidienne.

• La méditation : la méditation est une pratique qui permet de se concentrer sur l'instant présent, de calmer le mental et de mieux comprendre ses propres émotions. En méditant régulièrement, vous pourrez développer votre capacité à identifier et à gérer vos émotions.

• La pratique de la bienveillance : la bienveillance consiste à adopter une attitude positive envers soi-même et envers les autres. Pour développer cette compétence, il est recommandé de prendre le temps de s'écouter, de se parler de manière positive et de pratiquer la gratitude.

• La gestion du stress : le stress a un impact important sur nos émotions et notre capacité à les gérer. Pour mieux gérer son stress, il est possible de pratiquer des techniques de relaxation comme la respiration profonde, le yoga ou la sophrologie.

• L'empathie : pour développer son empathie, il faut essayer de se mettre à la place des autres et de chercher à comprendre leurs émotions. Pour cela, il est possible de pratiquer des exercices d'empathie comme la prise de perspective ou l'écoute active.

En pratiquant ces exercices régulièrement, on peut facilement améliorer son intelligence émotionnelle et mieux gérer ses émotions, ce qui aura un impact positif sur ses relations amoureuses. En effet, en étant capable de mieux comprendre et de mieux gérer vos propres émotions, vous communiquerez de manière plus efficace avec votre partenaire et développerez une relation plus harmonieuse et plus épanouissante.

b. Les obstacles à surmonter pour développer l'intelligence émotionnelle

Bien que le développement de l'intelligence émotionnelle se révèle extrêmement bénéfique pour les relations amoureuses et pour la vie en général, il y a plusieurs obstacles à surmonter pour y parvenir. En voici quelques-uns :

• Résistance au changement : certaines personnes sont réticentes à changer leurs habitudes et à sortir de leur zone de confort. Le développement de l'intelligence émotionnelle nécessite de sortir de sa zone de confort et de faire face à des émotions difficiles, ce qui peut être difficile pour certaines personnes.

• Manque de temps : de nombreuses personnes ressentent l'impression de ne pas avoir suffisamment de temps pour se concentrer sur le développement de leur intelligence émotionnelle. Cependant, il faut garder en tête que même de petits efforts réguliers ont un impact significatif.

• Manque de ressources : il est parfois difficile de trouver des ressources pour développer son intelligence émotionnelle, comme des livres, des cours ou des coachs. Cependant, il existe de nombreuses ressources en ligne gratuites qui peuvent se montrer utiles.

• Manque de motivation : certaines personnes peuvent ne pas être motivées à développer leur intelligence émotionnelle si elles ne voient pas immédiatement les avantages ou si elles ne sont pas convaincues que cela en vaut la peine. Il est alors important de garder à l'esprit que le développement de l'intelligence émotionnelle présente des avantages à long terme pour les relations et la vie en général.

En surmontant ces obstacles, n'importe qui pourra développer son intelligence émotionnelle et d'améliorer ses relations amoureuses et sa vie en général.

c. Les avantages d'une haute intelligence émotionnelle

Les avantages d'une haute intelligence émotionnelle sont nombreux et significatifs, tant dans la vie personnelle que professionnelle. Dans une relation amoureuse, une intelligence émotionnelle élevée est très bénéfique pour la qualité de la communication et la résolution des conflits, mais aussi pour le bien-être émotionnel individuel et collectif.

L'un des avantages les plus évidents est la capacité à comprendre et à gérer ses propres émotions. Les personnes ayant une intelligence émotionnelle élevée sont plus en mesure de reconnaître leurs propres sentiments et de comprendre leur impact sur leur comportement. Cela leur permet de réguler leurs émotions pour éviter des réactions impulsives et inappropriées. Les individus ayant une intelligence émotionnelle élevée ont également tendance à être plus résilients face aux difficultés émotionnelles et à mieux gérer le stress.

En outre, une intelligence émotionnelle élevée favorise la compréhension des émotions des autres. Les personnes ayant une intelligence émotionnelle élevée ont tendance à être plus empathiques et à mieux comprendre les sentiments des autres. Cela les aide à établir une communication plus profonde et plus authentique, renforçant ainsi les relations personnelles et amoureuses.

Une autre compétence liée à l'intelligence émotionnelle est la capacité à résoudre les conflits de manière efficace. Les personnes ayant une intelligence émotionnelle élevée sont plus aptes à comprendre les différents points de vue et à trouver des solutions satisfaisantes pour toutes les parties concernées. Cela contribue à prévenir les malentendus et les disputes dans une relation amoureuse.

Enfin, une intelligence émotionnelle élevée sera bénéfique dans un contexte professionnel. Les personnes ayant une intelligence émotionnelle élevée sont souvent appréciées pour leur capacité à communiquer efficacement, à travailler en équipe et à résoudre les conflits de manière constructive. Elles sont également plus adaptatives face au changement et mieux qualifiées pour gérer les relations avec les clients et les collègues.

En somme, développer son intelligence émotionnelle apporte de nombreux avantages dans différents domaines de la vie, y compris dans les relations amoureuses : cela aide à mieux comprendre ses propres émotions et celles des autres, à communiquer de manière plus efficace, à résoudre les conflits de manière constructive et à obtenir des relations plus saines et plus épanouissantes.

3. Comment reconnaître et comprendre les émotions des autres

a. Les signaux émotionnels à prendre en compte

Pour être capable de comprendre les émotions des autres, il faut savoir reconnaître les signaux émotionnels. En effet, les émotions sont souvent exprimées à travers des signaux non verbaux tels que la posture, la gestuelle, le ton de la voix ou encore le regard. Voici quelques signaux émotionnels à prendre en compte :

• L'expression faciale : le visage est souvent le premier indicateur de l'émotion ressentie. Les expressions faciales sont très variées : sourire, froncement de sourcils, regard fuyant, etc.

• La gestuelle : les mouvements du corps sont également révélateurs de l'état émotionnel d'une personne. Par exemple, une personne nerveuse se frottera les mains ou les bras, tandis qu'une personne en colère aura des gestes brusques et agressifs.

• Le ton de la voix : le ton de la voix révèle aussi beaucoup de choses sur l'état émotionnel d'une personne. Par exemple, une voix tremblante indiquera de l'anxiété, tandis qu'une voix forte et agressive indiquera de la colère.

• Le langage corporel : la position du corps est également un indicateur d'émotions. Par exemple, une personne qui se recroqueville sur elle-même exprimera de la tristesse ou de l'anxiété, tandis qu'une personne qui se tient droite et fière communiquera de la confiance en soi.

Notez bien que ces signaux émotionnels peuvent varier en fonction de la culture, de l'âge et de la personnalité de chaque individu. Il est donc essentiel d'observer attentivement les signaux émotionnels de chaque personne de manière individuelle et de les considérer dans leur contexte.

En développant sa capacité à reconnaître ces signaux émotionnels, on comprendra mieux l'état émotionnel des autres, ce qui facilitera la communication et favorisera la création d'une relation plus empathique. Cela permettra également de mieux comprendre les sentiments des autres, d'adapter son comportement en conséquence et de mieux répondre à leurs besoins émotionnels.

b. Les obstacles à la reconnaissance des émotions des autres

Reconnaître et comprendre les émotions des autres représente un défi de taille pour certaines personnes. Il existe plusieurs obstacles qui rendent cette tâche difficile.

Tout d'abord, comme nous l'avons vu juste avant, la différence culturelle peut jouer un rôle important dans la reconnaissance des émotions. En effet, les expressions faciales, la tonalité de la voix et les gestes varient selon les cultures : ce qui est considéré comme un signe de tristesse dans une culture sera perçu comme de la colère dans une autre. Par conséquent, il faut prendre en compte les différences culturelles lors de la reconnaissance des émotions des autres.

De plus, les stéréotypes de genre peuvent également être un obstacle à la reconnaissance des émotions : les hommes sont souvent associés à la colère et à la frustration, tandis que les femmes sont associées à la tristesse et à la peur. Cela peut mener à des erreurs de perception et à une mauvaise interprétation des émotions.

Un autre obstacle commun est la projection. Cela se produit lorsque nous supposons que les autres éprouvent les mêmes émotions que nous dans une situation donnée. Par exemple, si nous sommes en colère, nous projetons cette émotion sur les autres, même s'ils ne sont pas nécessairement en colère. Cette projection entraînera une mauvaise interprétation des émotions et conduira inévitablement à des malentendus.

Enfin, les préjugés et les biais affectent également la reconnaissance des émotions des autres. Nous pouvons avoir des préjugés inconscients envers certaines personnes ou groupes, ce qui nous amènera à interpréter leurs émotions de manière biaisée.

Rappelez-vous pour finir que la reconnaissance et la compréhension des émotions des autres ne sont pas des compétences innées, mais qu'elles peuvent être améliorées avec de la pratique et de la sensibilisation. En étant conscients de ces obstacles, vous pourrez travailler à les surmonter et à développer votre intelligence émotionnelle.

c. Les stratégies pour améliorer la compréhension des émotions des autres

Pour améliorer la compréhension des émotions des autres, il s'avère fondamental de se concentrer sur l'empathie et la communication. Voici quelques stratégies utiles pour y parvenir :

• Pratiquer l'empathie : l'empathie est la capacité de comprendre et de partager les sentiments des autres. Pour améliorer cette compétence, il est important de pratiquer l'empathie régulièrement. Cela peut se faire en imaginant comment vous vous sentiriez si vous étiez dans la situation de l'autre personne ou en écoutant attentivement ce que l'autre personne ressent.

• Être attentif aux signaux non verbaux : les signaux non verbaux, tels que les expressions faciales, le langage corporel et le ton de la voix, donnent des indices sur l'état émotionnel d'une personne. En apprenant à reconnaître et à interpréter ces signaux, vous améliorerez votre compréhension des émotions des autres.

• Pratiquer l'écoute active : l'écoute active consiste à

écouter attentivement ce que l'autre personne dit et à poser des questions pour mieux comprendre ses sentiments, tout en évitant les interruptions et en se concentrant sur les sentiments de l'autre personne plutôt que sur vos propres opinions ou réactions.

• Éviter les jugements : les jugements sont nuisibles à la communication et à la compréhension des émotions des autres. Essayez de comprendre les sentiments de l'autre personne sans porter de jugement sur ces sentiments.

• Éviter les stéréotypes : les stéréotypes limitent notre compréhension des émotions des autres en supposant que tous les membres d'un groupe ont les mêmes émotions. N'oubliez pas que chaque individu est unique et présente des émotions différentes.

En pratiquant ces stratégies, vous améliorerez nettement votre compréhension des émotions des autres et, du même coup, par ricochet, vos relations interpersonnelles.

Partie III

Communiquer efficacement dans les relations amoureuses

L'intelligence amoureuse

1. Les bases d'une communication efficace

a. Les éléments clés d'une communication réussie

Une communication efficace est de rigueur dans toute relation amoureuse saine et durable. Elle permet de partager ses sentiments, ses pensées, ses préférences, ses besoins et ses attentes de manière claire et concise, et de comprendre également ceux de son partenaire. Les éléments clés d'une communication réussie comprennent :

• L'écoute active : pour une communication efficace, il est essentiel d'écouter activement son partenaire, c'est-à-dire de prêter attention à ce qu'il dit, de le comprendre et de l'interpréter correctement. Cela implique également de montrer de l'empathie et de la compréhension envers les sentiments et les pensées de l'autre.

• L'expression de soi : pour communiquer efficacement, il est également important d'exprimer clairement ses propres sentiments, pensées et besoins sans jugement ni critique envers l'autre. Il s'agit de faire preuve d'honnêteté et de transparence dans ses communications.

• La clarté et la concision : une communication réussie

doit être claire et concise pour éviter toute confusion ou malentendu. Essayez de vous exprimer de manière simple et directe, sans ambiguïté, et de clarifier tout ce qui peut être mal compris.

• La non-violence : la communication ne doit jamais être agressive, insultante ou menaçante. La non-violence est capitale pour maintenir une communication saine et respectueuse dans une relation amoureuse.

• La patience et la tolérance : dans l'idéal, il faudrait toujours être patient et tolérant envers son partenaire, surtout lorsque les émotions sont fortes et que la communication est difficile. Évitez d'abandonner la communication ou de laisser des problèmes non résolus, et continuez plutôt à travailler ensemble pour améliorer la communication et renforcer la relation.

Pour résumer, une communication réussie est essentielle dans une relation amoureuse saine et durable : elle permet de mieux comprendre son partenaire, de partager ses sentiments, pensées et besoins, et de résoudre les conflits de manière efficace. Les éléments clés d'une communication réussie incluent l'écoute active, l'expression de soi, la clarté et la concision, la non-violence, la patience et la tolérance.

b. Les obstacles à une communication efficace

Dans toute communication, il existe des obstacles qui nuisent à l'efficacité de la transmission du message. Dans une relation amoureuse, ces obstacles peuvent être particulièrement importants, car la communication est un élément clé de la connexion émotionnelle entre les partenaires. Voici les principaux obstacles à une communication efficace dans les relations amoureuses :

• Les émotions intenses : lorsque les émotions sont très fortes, il est difficile de communiquer clairement et rationnellement. Les réactions émotionnelles sont alors excessives et empêchent la compréhension mutuelle.

• Les différences de personnalité : chaque personne a sa propre manière de communiquer et de traiter l'information. Les différences de personnalité peuvent rendre la communication difficile si les partenaires ne sont pas en mesure de comprendre et de respecter les styles de communication de l'autre.

• Les problèmes non résolus : les problèmes non résolus provoquent une accumulation de tension et d'émotions négatives, qui rendent la communication difficile. Les partenaires auront alors du mal à exprimer leurs sentiments de manière claire et constructive.

• Les écarts de perception : chaque personne perçoit le monde d'une manière unique, en fonction de ses expériences de vie et de sa personnalité. Ces différences peuvent entraîner des malentendus et des interprétations erronées, qui nuisent à la communication.

• Les distractions externes : le stress du travail, les soucis financiers ou les préoccupations familiales sont des distractions importantes qui rendent la communication difficile. Les partenaires peuvent être préoccupés par ces facteurs externes et ne pas être en mesure de se concentrer sur la communication.

• Les problèmes de santé mentale : les problèmes de santé mentale tels que la dépression ou l'anxiété peuvent altérer la communication. Les symptômes de ces troubles rendent très difficile la compréhension et l'expression des émotions.

• Les problèmes de communication antérieurs : si les partenaires ont déjà eu des problèmes de communication dans le passé, cela nuira à leur capacité à communiquer efficacement à l'avenir. Les expériences passées créent en effet des blocages mentaux et émotionnels qui empêchent la communication constructive.

Il est important de reconnaître ces obstacles pour pouvoir les surmonter et améliorer la communication dans la relation amoureuse. Pour ce faire, les partenaires doivent travailler ensemble afin de surmonter ces obstacles, en adoptant des stratégies telles que l'empathie, l'écoute active et la résolution de problèmes. La communication ouverte, honnête et respectueuse est toujours la clé d'une relation amoureuse saine et heureuse.

c. Les styles de communication et leurs effets sur la relation amoureuse

Ainsi que nous l'avons expliqué, dans une relation amoureuse, la communication est un élément clé pour maintenir une connexion émotionnelle et éviter les malentendus. Il est donc important de comprendre les différents styles de communication et leurs effets sur la relation :

• Le premier style de communication est la communication passive : les personnes qui utilisent ce style ont tendance à éviter les conflits et à ne pas exprimer ouvertement leurs besoins et leurs sentiments. Cela entraîne une accumulation de ressentiments et de frustrations, qui peut conduire à une rupture de la relation.

• Le deuxième style de communication est la communication agressive : les personnes qui utilisent ce style ont tendance à être dominantes et à imposer leurs opinions et leurs besoins aux autres. Cette façon de fonctionner créera un environnement de tension et de conflit constant dans la relation, qui pourra également mener à une rupture.

• Le troisième style de communication est la communication passive-agressive : les personnes qui utilisent ce style ont tendance à exprimer indirectement leurs besoins et leurs sentiments, souvent par des comportements passifs-agressifs tels que l'ignorance ou le sarcasme, ce qui rendra la communication difficile et causera des malentendus dans la relation.

• Le quatrième et dernier style de communication est la communication assertive : les personnes qui utilisent ce style expriment clairement leurs besoins et leurs sentiments tout en respectant les opinions et les sentiments des autres. La communication assertive favorise une compréhension mutuelle et une résolution pacifique des conflits, ce qui renforcera la relation amoureuse.

Notez bien que ces styles de communication ne sont pas fixes et que les personnes peuvent utiliser différents styles selon la situation. Il est également possible de développer des compétences en communication assertive pour améliorer la communication dans la relation amoureuse.

En somme, la communication est un élément clé d'une relation amoureuse saine et épanouissante et comprendre les différents styles de communication et leurs effets sur la relation aidera fortement à éviter les conflits et à maintenir une connexion émotionnelle forte. La communication assertive est le style le plus recommandé pour favoriser une compréhension mutuelle et une résolution pacifique des conflits dans la relation amoureuse.

2. Comment améliorer la communication dans votre relation amoureuse

a. Les techniques pour une communication efficace

Pour améliorer la communication dans une relation amoureuse, il existe plusieurs techniques et stratégies efficaces. Voici quelques-unes d'entre elles :

• Pratiquer l'écoute active : toujours elle ! Pour communiquer efficacement, efforcez-vous d'écouter activement votre partenaire. Cela signifie prêter attention à ce qu'il dit, poser des questions pour clarifier les points obscurs et répéter ce que vous avez compris pour vous assurer que vous avez bien saisi son message.

• Exprimer ses sentiments : les émotions sont souvent difficiles à extérioriser, mais mieux vaut les exprimer clairement à son partenaire pour éviter la confusion ou les malentendus. Cela inclut les sentiments de tristesse, de colère, de joie ou tout autre sentiment que l'on peut ressentir.

• Éviter les généralisations : l'utilisation de généralisations telles que « tu ne fais jamais rien » ou « tu es toujours en retard » peut causer des malentendus et créer de la tension dans une relation. Il sera largement préférable de s'en tenir aux faits et de décrire les comportements spécifiques qui sont problématiques.

• Utiliser un langage positif : utiliser un langage positif aide à améliorer la communication en mettant l'accent sur ce qui est souhaitable plutôt que sur ce qui ne l'est pas. Par exemple, plutôt que de dire « Je ne veux pas que tu sois en retard », vous direz « J'apprécierais que tu sois à l'heure ».

• Éviter les accusations : les accusations causent presque à tous les coups de la tension chez son partenaire et le mettent sur la défensive. Essayez plutôt d'exprimer vos préoccupations de manière constructive, en vous concentrant sur les faits et les comportements spécifiques.

• Trouver des solutions ensemble : si un conflit se produit, il est important de travailler ensemble pour trouver une solution qui convient à chacun. Cela implique de négocier un compromis ou de trouver un terrain d'entente qui satisfait les deux parties.

• Prendre le temps de communiquer : prenez le temps de communiquer régulièrement avec votre partenaire, même lorsque tout va bien dans la relation. Cela vous aidera à renforcer la communication et à éviter les problèmes futurs.

• Éviter les distractions : pour communiquer efficacement, il faut se concentrer sur la discussion et éviter les distractions telles que les téléphones portables, la télévision ou d'autres activités qui peuvent distraire de la conversation.

En utilisant ces techniques et stratégies, vous pourrez améliorer considérablement la communication dans votre relation amoureuse et renforcer la connexion entre votre partenaire et vous.

b. Les stratégies pour éviter les malentendus et les conflits

Nous l'avons maintes fois répété, une communication efficace est essentielle pour maintenir une relation amoureuse saine et durable. Cependant, il est fréquent que des malentendus se produisent, entraînant des conflits et des tensions au sein du couple. Il est toutefois possible d'utiliser des stratégies pour éviter ces situations et favoriser une communication claire et constructive.

• La première stratégie consiste à pratiquer l'empathie et la compréhension mutuelle : prenez le temps d'écouter l'autre personne, de reconnaître ses sentiments et ses besoins, et de montrer de l'empathie pour ce qu'elle ressent. En se mettant à la place de l'autre, on peut mieux comprendre ses motivations et ses actions, ce qui permet de résoudre les malentendus avant qu'ils ne se transforment en conflit.

• La deuxième stratégie est de clarifier les malentendus dès qu'ils se produisent : ne laissez pas les sentiments de frustration ou d'irritation s'accumuler, car cela mènera tôt ou tard à des tensions plus graves. Si une communication confuse ou maladroite se produit, clarifiez immédiatement la situation en posant des questions, en reformulant les idées de l'autre personne et en vérifiant que vous avez bien compris ce qui a été dit.

• La troisième stratégie est de pratiquer la communication assertive : celle-ci consiste à exprimer ses pensées et ses sentiments de manière claire, directe et respectueuse. Cela implique également de prendre la responsabilité de ses propres sentiments et de ne pas blâmer l'autre personne pour ses émotions. En utilisant la communication assertive, vous éviterez les malentendus et les conflits inutiles, tout en maintenant une relation saine et équilibrée.

• La quatrième stratégie consiste à éviter les déclencheurs de conflits : tâchez de reconnaître les sujets sensibles qui peuvent déclencher des conflits, tels que l'argent, la politique ou la religion. Si ces sujets sont abordés, essayez de les traiter avec respect et de efforcez-vous de comprendre les points de vue de l'autre personne, même si vous ne les partagez pas.

Enfin, rappelez-vous que la communication efficace est un processus continu : il est important de travailler constamment sur sa communication, de s'ouvrir aux idées et aux perspectives de l'autre personne, et de rechercher des moyens de résoudre les conflits et les malentendus de manière constructive. En faisant cela, vous améliorerez la qualité de la communication dans votre relation amoureuse, renforcerez la connexion entre votre partenaire et vous, et maintiendrez une relation saine et durable.

c. Les avantages d'une communication claire et ouverte

Une communication claire et ouverte dans une relation amoureuse apporte de nombreux avantages. Tout d'abord, elle renforce la confiance et la connexion émotionnelle entre les partenaires. Lorsqu'il y a une communication honnête et transparente, les partenaires comprennent bien mieux les besoins, les sentiments et les pensées de l'autre, ce qui renforce leur relation.

Ensuite, une communication claire et ouverte réduit drastiquement les conflits et les malentendus. Lorsque les partenaires communiquent efficacement, ils expriment clairement leurs préoccupations et leurs points de vue, évitant ainsi les malentendus qui pourraient conduire à des conflits.

En outre, une communication claire et ouverte aide les partenaires à résoudre les problèmes et à trouver des solutions ensemble. Lorsque les partenaires discutent ouvertement des problèmes, ils travaillent ensemble pour trouver des solutions qui conviennent à tous.

Enfin, une communication claire et ouverte améliore la satisfaction et la qualité de la relation. Lorsque les partenaires se sentent entendus et compris, cela renforce leur satisfaction et leur engagement dans la relation.

En somme, la communication claire et ouverte est essentielle pour maintenir une relation amoureuse saine et heureuse, puisqu'elle renforce la confiance, réduit les conflits et les malentendus, aide à résoudre les problèmes et améliore la satisfaction globale de la relation.

3. Comment résoudre les conflits de manière constructive

a. Les éléments clés pour résoudre les conflits

Les conflits sont inévitables dans toutes les relations, y compris les relations amoureuses. Cependant, il est tout à fait possible de les résoudre de manière constructive pour éviter qu'ils ne se transforment en problèmes plus importants.

La première étape pour résoudre un conflit de manière constructive est de reconnaître qu'il existe un problème. Il est important de ne pas l'ignorer ou de le minimiser, car cela aggravera la situation. Une fois que les deux partenaires ont identifié le problème, ils pourront alors travailler ensemble pour le résoudre.

La communication est un élément clé de la résolution des conflits : les deux partenaires doivent se montrer disposés à écouter l'autre et à exprimer leurs propres sentiments et besoins de manière respectueuse. Chacun devra faire preuve d'empathie envers l'autre personne, c'est-à-dire reconnaître ses émotions et de les prendre en compte.

Il est important de se concentrer sur le problème en question plutôt que de porter des accusations ou de se blâmer mutuellement. Les partenaires doivent travailler ensemble pour trouver une solution qui convienne à chacun, tout en respectant les limites de l'autre et en cherchant des solutions qui prennent en compte les besoins de chacun.

Enfin, il faudra s'engager à résoudre le conflit de manière constructive et travailler ensemble pour éviter qu'il ne se reproduise à l'avenir. Cela inclut l'établissement de limites claires, la communication ouverte et honnête, et le compromis lorsque cela est nécessaire.

En résumé, les éléments clés pour résoudre les conflits de manière constructive sont la reconnaissance du problème, la communication ouverte et respectueuse, l'empathie, la concentration sur le problème en question, le respect des limites de l'autre personne, la recherche de solutions qui conviennent à chacun et l'engagement à travailler ensemble pour éviter que le conflit ne se reproduise.

b. Les erreurs courantes dans la résolution des conflits

La résolution des conflits dans une relation amoureuse s'avère indispensable pour maintenir une communication ouverte et une relation saine. Cependant, il est facile de tomber dans des erreurs courantes qui peuvent nuire à la résolution des conflits. Voici quelques-unes des erreurs les plus courantes à éviter :

• Éviter le conflit : éviter le conflit ne résoudra pas le problème et aggravera même la situation. Faites face au conflit dès qu'il se présente pour trouver une solution rapidement.

• Éviter la confrontation : la confrontation est souvent nécessaire pour résoudre un conflit. Éviter la confrontation prolongera la dispute et nuira à la relation.

• Se concentrer sur les faits : se concentrer uniquement

sur les faits et ignorer les émotions rend les choses pires. Les émotions sont un élément important à considérer lors de la résolution des conflits.

• Blâmer l'autre personne : blâmer l'autre personne ne résoudra pas le conflit et bien souvent l'aggravera. Travaillez ensemble pour trouver une solution au lieu de blâmer l'autre.

• Ne pas écouter : écouter activement l'autre personne est essentiel pour résoudre le conflit. Ne pas écouter conduit à des malentendus et à une communication inefficace.

• Ignorer le problème : ignorer le problème ne le fera pas disparaître. Encore une fois, travaillez ensemble pour trouver une solution.

• Utiliser des termes accusateurs : utiliser des termes accusateurs conduira à des malentendus et à une communication inefficace. Utilisez plutôt des termes neutres pour décrire la situation et trouver une solution.

En évitant ces erreurs courantes, il est plus facile de résoudre les conflits de manière constructive et de maintenir une relation amoureuse saine.

c. Les techniques pour une résolution de conflits efficace

La résolution de conflits est un aspect essentiel d'une relation amoureuse saine et durable. Pour résoudre les conflits de manière constructive, voici quelques techniques efficaces :

• Écoute active : prenez le temps d'écouter activement votre partenaire lorsque vous discutez d'un conflit. Posez des questions pour clarifier son point de vue et assurez-vous que vous comprenez bien sa position avant de donner la vôtre.

• Restez calme : évitez de vous emporter ou de réagir de manière émotionnelle pendant la discussion. Restez calme et concentré pour maintenir une communication saine et constructive.

• Exprimez vos sentiments : utilisez des phrases commençant par « je » pour exprimer vos sentiments et vos besoins. Par exemple, dites « je me sens blessé lorsque tu me critiques » plutôt que « tu es toujours en train de me critiquer ».

• Trouvez des solutions ensemble : essayez de trouver des solutions ensemble plutôt que de chercher à gagner un argument. Soyez créatif et pensez en dehors des sentiers battus pour trouver une solution qui convienne à vous deux.

• Acceptez vos erreurs : si vous avez commis une erreur, reconnaissez-la et présentez vos excuses. Cela montre que vous êtes prêt à prendre la responsabilité de vos actions et à travailler ensemble pour résoudre le conflit.

• Prenez une pause : si la discussion devient trop intense, prenez une pause pour vous calmer et réfléchir. Cela vous permettra de revenir à la discussion avec un esprit plus clair et plus détendu.

• Trouvez un compromis : si vous ne parvenez pas à trouver une solution qui vous convienne à tous deux, essayez d'imaginer un compromis qui vous permettra de travailler ensemble pour résoudre le conflit.

En utilisant ces techniques, vous améliorerez votre capacité à résoudre les conflits de manière constructive dans votre relation. Rappelez-vous que la résolution de conflits ne se fait pas du jour au lendemain, mais plutôt en travaillant constamment sur la communication et la compréhension mutuelle. Dans tous les cas, cela en vaut la peine !

Partie IV

Construire une relation amoureuse saine et heureuse

L'intelligence amoureuse

1. Les éléments clés d'une relation amoureuse saine et heureuse

a. La confiance et la transparence

La confiance et la transparence sont deux éléments clés dans la construction d'une relation amoureuse saine et heureuse. La confiance est la pierre angulaire d'une relation, car, sans elle, la relation ne peut pas fonctionner. La transparence est également primordiale, car elle permet aux partenaires de se connaître véritablement et de construire une relation authentique.

La confiance est basée sur plusieurs éléments, notamment la fidélité, l'honnêteté, la loyauté, la fiabilité et la sécurité. La fidélité implique de rester engagé envers son partenaire et de ne pas avoir de relations sexuelles ou romantiques avec d'autres personnes. L'honnêteté signifie être transparent sur ses sentiments et ses actions, et ne pas cacher ou mentir à son partenaire. La loyauté signifie être présent pour son partenaire et soutenir sa vie et ses projets. La fiabilité signifie tenir ses promesses et être là quand on en a besoin. Enfin, la sécurité signifie se sentir en sécurité dans la relation et avoir confiance en son partenaire.

La transparence est également cardinale dans une relation amoureuse saine et heureuse. Cela signifie être ouvert sur ses pensées, sentiments et actions, et ne pas cacher ou mentir à son partenaire. Être transparent est parfois difficile, mais c'est essentiel pour construire une relation de confiance et d'authenticité. Les partenaires doivent se sentir en sécurité pour partager leurs pensées et leurs sentiments sans craindre d'être jugés ou rejetés.

Pour construire une relation amoureuse saine et heureuse basée sur la confiance et la transparence, il vous faudra travailler ensemble pour développer ces éléments clés. Les partenaires doivent être honnêtes sur leurs attentes et leurs besoins, et être disposés à écouter et à comprendre ceux de leur partenaire. La communication ouverte et honnête reste la base pour construire une relation solide et authentique.

Enfin, il faut s'appliquer à respecter la confiance et la transparence dans la relation. Cela signifie respecter la vie privée de son partenaire et ne pas fouiller dans ses affaires ou surveiller ses mouvements sans raison valable. Les partenaires doivent également s'engager à être honnêtes et transparents l'un envers l'autre, même si cela peut être difficile ou douloureux.

En respectant ces éléments clés, les partenaires peuvent construire une relation amoureuse saine et heureuse basée sur la confiance et la transparence.

b. Le respect mutuel

Le respect mutuel est un autre élément fondateur d'une relation amoureuse saine et heureuse. Cela signifie que les partenaires se traitent l'un l'autre avec considération, dignité et compréhension. Le respect mutuel est essentiel pour établir une base solide dans une relation, car il permet aux deux partenaires de se sentir en sécurité et de se faire confiance.

Le respect mutuel implique également d'accepter les différences et les limites de l'autre personne. Les partenaires doivent être capables de reconnaître et de respecter les besoins et les désirs de l'autre, même s'ils ne sont pas toujours d'accord avec eux. Concrètement, chaque personne doit être autorisée à avoir son propre espace personnel, ses propres centres d'intérêt et ses propres opinions, sans être jugée ou critiquée par l'autre.
Le manque de respect mutuel peut conduire à des problèmes dans la relation, tels que le ressentiment, la colère et le manque de confiance. Si l'un des partenaires ne respecte pas l'autre, cela peut également entraîner des comportements abusifs ou coercitifs.

Rappelez-vous que le respect mutuel est une

responsabilité partagée dans une relation. Les deux partenaires doivent être prêts à écouter et à comprendre les besoins de l'autre, tout en étant honnêtes et respectueux dans leurs interactions. Cela peut nécessiter un travail sur soi pour apprendre à reconnaître et à surmonter les préjugés et les stéréotypes qui peuvent nuire à une relation.

En fin de compte, le respect mutuel est un élément clé d'une relation amoureuse saine et heureuse : il permet aux deux partenaires de se sentir valorisés, aimés et respectés, et donc de construire une relation durable et épanouissante.

c. L'engagement et la communication ouverte

L'engagement et la communication ouverte sont deux éléments clés qui contribuent à la construction d'une relation amoureuse saine et heureuse.

L'engagement implique que les deux partenaires sont prêts à s'investir dans leur relation à long terme, et qu'ils sont disposés à travailler ensemble pour surmonter les obstacles qui peuvent se présenter. Cela peut se manifester de différentes manières, telles que des engagements verbaux ou des gestes symboliques tels que des bagues de fiançailles ou des alliances. L'engagement est capital, car il aide à renforcer la sécurité émotionnelle et à construire la confiance entre les partenaires.

La communication ouverte est également cruciale pour maintenir une relation amoureuse saine et heureuse : les partenaires doivent se montrer honnêtes et transparents l'un envers l'autre, et partager leurs sentiments et leurs pensées de manière claire et constructive. La communication ouverte permet de résoudre les problèmes rapidement et efficacement, et évite les malentendus, qui sont trop souvent la cause de conflits.

Soulignons ici que la communication ouverte ne signifie pas nécessairement que les partenaires doivent être d'accord sur tout, mais plutôt qu'ils doivent être en mesure de comprendre et de respecter les opinions et les sentiments de l'autre. Cela signifie qu'il faut être à l'écoute de l'autre et éviter les jugements ou les critiques destructives.

Pour améliorer la communication dans une relation amoureuse, prenez le temps de parler régulièrement avec votre partenaire, concentrez-vous sur les problèmes spécifiques au lieu de porter des accusations générales, et soyez ouvert à des compromis mutuels. L'écoute active, la reformulation et la clarification des messages sont également des techniques de communication utiles pour assurer une compréhension mutuelle.

Finalement, l'engagement et la communication ouverte sont deux éléments clés qui permettent de renforcer la confiance et la sécurité émotionnelle dans une relation amoureuse saine et heureuse. En travaillant ensemble pour cultiver ces éléments, les partenaires construiront une relation durable basée sur le respect mutuel, l'engagement et la communication honnête et ouverte.

2. Comment créer une connexion émotionnelle forte

a. La pratique de l'écoute active

L'écoute active, encore elle, est un des points centraux pour créer une connexion émotionnelle forte dans une relation amoureuse saine et heureuse. Nous en avons déjà parlé, et vous devriez maintenant savoir qu'il s'agit de prêter une attention pleine et entière à votre partenaire lorsque vous discutez avec lui, en vous concentrant sur ses mots, ses sentiments et ses émotions.

Pour pratiquer l'écoute active, rappelez-vous que vous devez tout d'abord vous engager à être présent et à être attentif à votre partenaire. Éteignez votre téléphone portable, mettez de côté les distractions et concentrez-vous uniquement sur votre partenaire et sur ce qu'il dit.

Ensuite, utilisez des techniques d'écoute active telles que la répétition des phrases clés de votre partenaire pour montrer que vous comprenez ce qu'il dit, l'utilisation de questions pour approfondir votre compréhension et l'expression de votre empathie pour montrer que vous comprenez et que vous êtes là pour le soutenir.

L'écoute active aide également à éviter les malentendus et les conflits en permettant à votre partenaire de se sentir entendu et compris. Cela renforce la confiance et la communication ouverte dans votre relation.

Cependant, n'oubliez pas que l'écoute active est une compétence qui doit être pratiquée régulièrement pour être efficace. En effet, vous devez être disposé à mettre en pratique ces techniques d'écoute active chaque fois que vous discutez avec votre partenaire, même lorsque vous êtes fatigué, stressé ou occupé.

Au bout du compte, la pratique de l'écoute active vous aidera énormément à renforcer la connexion émotionnelle, à améliorer la communication et à construire une relation saine et heureuse.

b. Les moments de qualité passés ensemble

Passer des moments de qualité ensemble est un autre élément clé pour construire une connexion émotionnelle forte dans une relation amoureuse saine et heureuse. Ces moments de qualité sont des instants où les amoureux se concentrent l'un sur l'autre, éliminent toutes les distractions et font quelque chose qui est agréable pour les deux.

Ils peuvent prendre de nombreuses formes. Par exemple, vous pouvez prévoir une soirée à la maison avec un dîner romantique aux chandelles et un film, ou planifier une activité en plein air, comme une randonnée ou une promenade dans un parc.

Notez que ce ne sont pas seulement les activités que l'on fait ensemble qui comptent, mais aussi la qualité de la présence émotionnelle que l'on apporte à ces moments, c'est-à-dire qu'il faudra être présent et engagé dans l'instant présent avec son partenaire, en écoutant activement et en communiquant de manière ouverte et honnête.

Les moments de qualité passés ensemble sont un moyen extrêmement puissant de renforcer la connexion émotionnelle en créant des souvenirs partagés et en renforçant les liens. Ils permettent également de se détendre et de se ressourcer, en s'immergeant dans l'instant présent et en laissant les soucis et les distractions de côté.

Cependant, il sera aussi nécessaire de trouver un équilibre entre les moments de qualité passés ensemble et la nécessité de temps et d'espace individuels. Chacun d'entre vous devra s'assurer d'avoir suffisamment de temps pour se consacrer à ses propres passe-temps et à ses intérêts personnels, tout en restant engagé et présent dans la relation.

c. La pratique de la gratitude

La gratitude est une autre pratique puissante pour renforcer les liens émotionnels dans une relation amoureuse. Cela signifie prendre le temps de reconnaître et d'apprécier les qualités positives de votre partenaire, ainsi que les actions et les efforts qu'il fait pour vous. La gratitude est un moyen de montrer de l'appréciation et de l'amour pour votre partenaire.

La pratique de la gratitude aide à améliorer la qualité de la relation en augmentant la satisfaction et la connexion émotionnelle. Les couples qui pratiquent régulièrement la gratitude sont plus susceptibles de ressentir de l'amour et de la satisfaction dans leur relation. De plus, cette pratique renforce la confiance et la sécurité émotionnelle dans la relation.

Il existe de nombreuses façons de pratiquer la gratitude : cela peut inclure des gestes simples tels que dire " merci " pour les tâches ménagères quotidiennes ou les petits gestes d'affection, ou même des expressions plus profondes de gratitude pour les qualités personnelles ou les expériences partagées.

Lorsque vous pratiquez la gratitude, restez toujours sincère et authentique. Prenez le temps de réfléchir à ce que vous appréciez chez l'autre et de lui exprimer votre gratitude de manière claire et directe. Évitez de tomber dans le piège de la critique constructive, qui aura l'effet inverse et blessera certainement votre moitié plutôt que de renforcer la relation.

Enfin, gardez en tête que la gratitude se pratique régulièrement, plutôt que de ne le faire qu'occasionnellement ou lors de situations exceptionnelles. Les moments de gratitude réguliers fortifieront la relation de manière continue et aideront à créer une connexion émotionnelle solide et durable.

3. Comment maintenir une relation amoureuse saine et heureuse

a. La gestion des conflits de manière constructive

Nous avons déjà abordé ce sujet précédemment, mais nous y revenons en détail ici, tant la gestion des conflits de manière constructive s'avère vital pour maintenir une relation amoureuse saine et heureuse. Comme nous l'avons dit, les conflits sont inévitables dans toute relation, mais la manière dont ils sont gérés fait toute la différence entre une relation qui se renforce et une relation qui se brise. Voici quelques techniques pour gérer les conflits de manière constructive :

• Reconnaître et accepter les différences : les conflits surviennent souvent lorsque les partenaires ont des opinions différentes sur une question donnée. Essayez de reconnaître et d'accepter que les opinions peuvent différer et que cela ne signifie pas nécessairement que l'un des partenaires a tort. Une fois que les différences ont été identifiées, les partenaires pourront travailler ensemble pour trouver une solution qui convient à tous.

• Éviter les attaques personnelles : lorsque les émotions sont fortes, il est facile de faire des attaques personnelles envers son partenaire. Cela ne fait qu'aggraver la situation et peut causer des blessures durables. Au lieu de cela, concentrez-vous sur les problèmes spécifiques et exprimez vos sentiments de manière constructive.

• Écouter activement : écouter attentivement son partenaire est crucial pour résoudre les conflits. Tâchez d'écouter avec l'intention de comprendre, plutôt que d'écouter uniquement pour répondre. En écoutant activement, les partenaires peuvent mieux comprendre les points de vue de l'autre et trouver des solutions mutuellement acceptables.

• Chercher des solutions mutuellement bénéfiques : lorsqu'un conflit survient, il est important de chercher des solutions mutuellement bénéfiques qui répondent aux besoins des deux personnes. En cherchant des solutions gagnant-gagnant, vous trouverez ensemble des moyens de résoudre le conflit sans compromettre vos valeurs ou vos besoins.

• Prendre le temps de se calmer : rien ne sert de chercher à résoudre un conflit lorsque les émotions sont trop fortes. Prendre le temps de se calmer réduira le stress et permettra de réfléchir plus clairement sur la situation. Une fois que le calme est revenu, vous pourrez travailler ensemble de manière plus efficace pour trouver une solution.

En conclusion, la gestion des conflits de manière constructive est une compétence vitale pour maintenir une relation amoureuse saine et heureuse. En reconnaissant et en acceptant les différences, en évitant les attaques personnelles, en écoutant activement, en cherchant des solutions mutuellement bénéfiques et en prenant le temps de se calmer, le couple pourra travailler à deux pour surmonter les défis et renforcer la relation.

b. Le renforcement de l'intimité et de la sexualité

Comme vous vous en doutez et l'avez sans doute déjà expérimenté, l'intimité et la sexualité sont des éléments centraux pour maintenir une relation amoureuse saine et heureuse. Bien que ces sujets puissent être difficiles à aborder, il est important de maintenir une communication ouverte et honnête au sein du couple pour assurer la satisfaction mutuelle.

Tout d'abord, comprenez que l'intimité ne se limite pas à la sexualité : cela peut inclure des moments de tendresse, des câlins, des massages, des conversations profondes et d'autres activités qui favorisent la connexion émotionnelle et physique.

En ce qui concerne la sexualité, montrez-vous à l'écoute des besoins de votre partenaire et communiquez vos propres besoins et désirs de manière respectueuse. La communication est encore une fois la clé pour éviter les malentendus et les frustrations. Prenez aussi le temps de découvrir les préférences sexuelles de l'autre et d'expérimenter ensemble pour maintenir une relation sexuelle épanouissante.

Pour ce faire, vous pouvez essayer de nouvelles positions, de nouveaux jouets sexuels ou explorer des fantasmes communs. Notez que chacun a des limites et des préférences individuelles en matière d'intimité et de sexualité, et qu'il est crucial de respecter ces limites et de ne jamais pousser votre partenaire à faire quelque chose qu'il ou elle n'est pas à l'aise de faire.

Enfin, n'oubliez pas de consacrer du temps de qualité ensemble en dehors de la chambre à coucher. Les activités telles que les dîners romantiques, les soirées cinéma ou les voyages consolident la connexion émotionnelle et physique entre les partenaires et aide à maintenir une relation amoureuse saine et heureuse.

c. La continuité de la communication ouverte et honnête

La communication ouverte et honnête est essentielle pour maintenir une relation amoureuse saine et heureuse, nous l'avons assez répété : les deux partenaires doivent se sentir à l'aise de partager leurs pensées, leurs sentiments et leurs préoccupations sans avoir peur d'être jugés ou rejetés. La communication ouverte et honnête est un processus continu qui doit être entretenu tout au long de la relation.

Voyons maintenant comment maintenir une communication ouverte et honnête. D'abord, prenez le temps de discuter régulièrement de la relation. Les couples doivent s'engager à avoir des conversations honnêtes sur ce qui fonctionne et ce qui ne fonctionne pas dans leur relation, ainsi que sur leurs attentes mutuelles. Ils doivent également discuter de leurs objectifs personnels et de leur vision à long terme pour leur relation.

Une autre clé pour maintenir une communication ouverte et honnête est d'apprendre à écouter activement l'autre. Cela signifie non seulement entendre les paroles de l'autre, mais aussi comprendre ce qu'elles signifient vraiment. Les couples peuvent pratiquer l'écoute active en répétant ce que l'autre a dit pour s'assurer qu'ils ont bien compris, en posant des questions pour clarifier les choses et en montrant de l'empathie pour ce que l'autre ressent.

Vous devez également être prêt à donner et à recevoir des critiques constructives. Les couples doivent être en mesure de dire ce qu'ils pensent sans blâmer ou attaquer l'autre. Lorsque l'un des deux émet une critique, l'autre devra l'écouter attentivement et considérer son point de vue. N'oubliez jamais de rester calme et de ne pas réagir de manière défensive ou hostile.

Enfin, les couples doivent être prêts à faire des compromis et à trouver des solutions ensemble. Il est tout à fait normal d'avoir des désaccords dans une relation, mais il est important de travailler ensemble pour trouver une solution qui convient à tous les deux. Les couples peuvent également envisager de rechercher l'aide d'un conseiller en relation pour améliorer leur communication et renforcer leur relation.

Partie V

Aller de l'avant avec l'intelligence amoureuse

L'intelligence amoureuse

1. Comment continuer à développer votre intelligence amoureuse

a. La pratique de la pleine conscience dans la vie quotidienne

La pleine conscience est une pratique qui consiste à être présent à l'instant présent, en portant une attention particulière aux sensations, aux émotions et aux pensées qui se présentent à nous. Elle peut être très utile dans le développement de l'intelligence amoureuse, car elle nous aide à être plus conscients de nos propres réactions et de celles de notre partenaire.

Dans une relation amoureuse, pratiquer la pleine conscience dans la vie quotidienne, en étant présent et attentif à chaque moment passé avec notre partenaire peut se révéler un atout majeur. Il s'agira de prendre le temps de vraiment écouter notre moitié et de lui donner toute notre attention, en étant présent physiquement et émotionnellement lorsque nous sommes ensemble.

La pratique de la pleine conscience aide aussi à réduire le stress et l'anxiété, qui peuvent souvent interférer dans une relation amoureuse saine et heureuse. En étant conscients de nos propres réactions émotionnelles, nous gérons beaucoup mieux nos émotions et évitons ainsi les comportements impulsifs ou nuisibles.

En outre, la pleine conscience nous aide à mieux comprendre notre propre état émotionnel et celui de notre partenaire. En étant plus conscients de nos propres pensées et émotions, nous pouvons mieux comprendre celles de notre partenaire et être plus empathiques envers lui.

En pratique, la pleine conscience s'exerce en prenant régulièrement quelques minutes pour se concentrer sur sa respiration et se recentrer sur l'instant présent. Il peut également être utile de méditer ensemble, de participer à des séances de yoga ou de simplement passer du temps dans la nature ensemble.

En fin de compte, la pratique de la pleine conscience permet de développer une relation amoureuse plus profonde, plus authentique et plus satisfaisante, en consolidant la connexion émotionnelle entre les partenaires et en améliorant la communication et la compréhension mutuelles.

b. L'auto-évaluation régulière de ses compétences d'intelligence amoureuse

L'auto-évaluation régulière de ses compétences

d'intelligence amoureuse est essentielle pour continuer à se développer en tant que partenaire amoureux. Cette pratique consiste à prendre le temps de réfléchir régulièrement sur ses comportements, attitudes et croyances dans une relation amoureuse, et à évaluer si elles sont positives ou négatives pour la relation.

L'auto-évaluation aide à identifier les habitudes et les comportements nuisibles à la relation, comme la jalousie, l'évitement des conflits ou l'absence de communication. En reconnaissant ces problèmes, il est possible de travailler sur soi-même pour les améliorer.

Cependant, l'auto-évaluation ne doit pas être utilisée uniquement pour identifier les faiblesses, mais aussi pour reconnaître ses forces et les utiliser pour renforcer la relation. Par exemple, si l'on a tendance à être particulièrement empathique ou attentionné envers son partenaire, il faudra s'appuyer sur ces traits de caractère pour renforcer la connexion émotionnelle dans la relation.

En outre, l'auto-évaluation régulière aide à identifier les besoins et les désirs personnels dans la relation : par exemple, si l'on réalise que l'on a besoin de plus d'espace personnel, il ne faut pas hésiter à le communiquer à l'autre de manière ouverte et honnête, afin de trouver un équilibre qui convienne à chacun.

L'auto-évaluation peut être réalisée de différentes manières, en fonction des préférences de chacun. Certaines personnes préfèrent tenir un journal intime où elles écrivent leurs réflexions, tandis que d'autres aiment mieux discuter de leurs sentiments avec leur partenaire ou un ami de confiance. Dans tous les cas, l'auto-évaluation doit toujours être un processus honnête et sincère, sans jugement ni autocritique excessive.

En somme, l'auto-évaluation régulière est une pratique précieuse pour continuer à développer son intelligence amoureuse et maintenir une relation saine et heureuse. Elle permet de prendre conscience de ses forces et de ses faiblesses, de renforcer les comportements positifs et d'identifier les besoins personnels dans la relation.

c. L'apprentissage continu des compétences d'intelligence amoureuse

Le développement de l'intelligence amoureuse est un processus continu qui nécessite une pratique régulière et un apprentissage continu des compétences nécessaires pour maintenir une relation amoureuse saine et heureuse. Pour améliorer votre intelligence amoureuse, vous devez continuer à apprendre de nouvelles compétences et techniques pour vous aider à comprendre et à gérer vos émotions, à communiquer efficacement, à résoudre les conflits et à maintenir une connexion émotionnelle forte avec votre partenaire.

Il existe de nombreuses ressources disponibles pour vous aider à développer vos compétences d'intelligence amoureuse, telles que des livres, des vidéos, des cours en ligne, des ateliers, des coachs en relations, des groupes de soutien et des thérapeutes. Ces ressources peuvent vous aider à apprendre de nouvelles compétences, à obtenir des conseils d'experts et à échanger avec d'autres personnes qui cherchent également à développer leur intelligence amoureuse.

En outre, vous pouvez également apprendre en observant les relations autour de vous, en écoutant les expériences des autres et en réfléchissant à vos propres expériences passées. L'auto-réflexion est une compétence importante dans le développement de l'intelligence amoureuse, car elle vous permet de prendre du recul et d'analyser vos pensées, vos émotions et vos comportements afin de mieux comprendre vos motivations et de prendre des décisions plus éclairées dans votre relation.

Enfin, il est important de comprendre que le développement de l'intelligence amoureuse est un processus continu et jamais terminé. Il est normal de faire des erreurs et de rencontrer des obstacles en cours de route, mais l'essentiel est de continuer à apprendre, à grandir et à s'adapter aux changements dans votre relation et dans votre vie personnelle. Avec un engagement continu à développer votre intelligence amoureuse, vous maintiendrez une relation amoureuse saine et heureuse tout au long de votre vie.

2. Comment appliquer les compétences d'intelligence amoureuse dans d'autres domaines de la vie

a. Les relations familiales et amicales

Les compétences d'intelligence amoureuse ne se limitent pas seulement aux relations amoureuses, mais peuvent également être appliquées aux relations familiales et amicales. En effet, les mêmes compétences clés telles que la communication efficace, l'empathie, la résolution de conflits, la confiance et la transparence peuvent aider à maintenir des relations saines et harmonieuses dans ces domaines de la vie également.

Lorsqu'il s'agit de relations familiales, l'application de ces compétences s'avère particulièrement salutaire, car les relations familiales peuvent parfois être très complexes et chargées d'émotions. La communication efficace est cruciale dans ce contexte, car elle permet de clarifier les malentendus, de réduire les tensions et de renforcer les liens familiaux. En pratiquant l'empathie, il est possible de mieux comprendre les perspectives et les sentiments de chaque membre de la famille, ce qui facilitera la résolution de conflits et renforcer la solidarité.

De même, dans les amitiés, les compétences d'intelligence amoureuse aident à établir des relations positives et enrichissantes. La communication efficace, la capacité à écouter activement et à comprendre les émotions de l'autre renforcent les liens amicaux et aident à construire une relation plus durable. La confiance et la transparence sont également importantes dans les amitiés, car elles contribuent à maintenir des relations honnêtes et authentiques.

En somme, les compétences d'intelligence amoureuse peuvent être appliquées dans de nombreux domaines de la vie, et pas seulement dans les relations amoureuses. En comprenant et en pratiquant ces compétences clés, vous renforcerez vos relations familiales et amicales, maintiendrez des liens sains et harmonieux, et construirez de fait une vie épanouissante et heureuse.

b. La vie professionnelle et le travail en équipe

L'intelligence amoureuse ne se limite pas seulement aux relations amoureuses et familiales, elle peut également être appliquée dans la vie professionnelle et dans le travail en équipe. Les compétences clés de l'intelligence amoureuse peuvent être utilisées pour établir des relations saines et productives au travail, ce qui contribuera à améliorer la qualité de vie et la satisfaction professionnelle.

L'une des compétences clés de l'intelligence amoureuse qui peut être appliquée dans le contexte professionnel est l'empathie. En comprenant les perspectives et les sentiments des collègues, il est possible de mieux communiquer et de travailler plus efficacement en équipe. L'empathie peut également aider à résoudre les conflits de manière constructive, ce qui améliorera indubitablement les relations interpersonnelles et la productivité.

La communication est également une compétence clé de l'intelligence amoureuse qui peut être utilisée dans la vie professionnelle. Une communication ouverte et honnête peut aider à résoudre les problèmes de manière efficace et à éviter les malentendus. La capacité à écouter activement et à poser des questions ouvertes peut également améliorer la compréhension des perspectives des autres et renforcer la collaboration.

L'autre compétence clé de l'intelligence amoureuse qui peut être appliquée dans la vie professionnelle est la gestion des émotions. La capacité à gérer ses propres émotions et à comprendre celles des autres aidera à maintenir un environnement de travail positif et productif. En outre, la gestion des émotions permettra de gérer le stress et de résoudre les conflits de manière efficace.

Enfin, la compétence clé de l'intelligence amoureuse qui peut être appliquée dans la vie professionnelle est la résolution de problèmes. La capacité à identifier les problèmes, à explorer les options de résolution de problèmes et à prendre des décisions efficaces concourra à résoudre les problèmes de manière efficace et à améliorer la productivité.

En somme, l'application des compétences phares de l'intelligence amoureuse dans la vie professionnelle peut contribuer grandement à améliorer les relations interpersonnelles, à renforcer la collaboration et à améliorer la productivité. En travaillant à développer son intelligence amoureuse dans tous les domaines de la vie, vous améliorerez votre qualité de vie et votre satisfaction personnelle et professionnelle.

c. La relation avec soi-même et l'estime de soi

Comme nous venons de le voir, l'intelligence amoureuse ne se limite pas à la sphère amoureuse et peut être appliquée dans de nombreux autres aspects de la vie. Nous allons voir ici que celle-ci peut également servir dans notre relation avec nous-mêmes. En effet, l'estime de soi et la relation avec soi-même sont des composantes essentielles d'une vie épanouissante et heureuse.

Dans ce contexte, l'application des compétences d'intelligence amoureuse peut aider à développer une relation plus positive avec soi-même. Tout d'abord, la conscience de soi est un élément clé de l'intelligence amoureuse, et cela s'applique également à la relation avec soi-même. En prenant le temps de se connaître soi-même, de comprendre ses besoins, ses valeurs et ses limites, on peut améliorer sa relation avec soi-même.

En outre, l'empathie peut être utilisée pour comprendre ses propres émotions et celles des autres. En étant bienveillant envers soi-même, on apprendra à reconnaître et à gérer ses propres émotions, ce qui améliorera sa capacité à faire face aux défis de la vie. La compassion envers soi-même peut également aider à renforcer l'estime de soi, en évitant de s'auto-critiquer et en acceptant ses erreurs et ses faiblesses comme des éléments normaux de la vie.

Enfin, la communication ouverte et honnête peut s'appliquer à la relation avec soi-même en se parlant avec bienveillance et en évitant l'auto-sabotage ou les pensées négatives. Il est important d'écouter sa propre voix intérieure et de s'exprimer avec honnêteté pour développer une relation de confiance avec soi-même.

En conclusion, l'intelligence amoureuse peut être appliquée à de nombreux aspects de la vie, y compris à la relation avec soi-même : en utilisant la conscience de soi, l'empathie, la compassion et la communication ouverte et honnête, on peut renforcer son estime de soi, améliorer sa relation avec soi-même et vivre une vie plus épanouissante et heureuse.

3. L'intelligence amoureuse pour une vie amoureuse épanouissante

a. Récapitulatif des compétences clés de l'intelligence amoureuse

Pour récapituler, l'intelligence amoureuse implique la capacité de comprendre et de gérer ses émotions, ainsi que celles de son partenaire, de communiquer de manière claire et efficace, d'écouter activement et de créer une connexion émotionnelle forte.

Il est également important de savoir gérer les conflits de manière constructive, de renforcer l'intimité et la sexualité, de maintenir une communication ouverte et honnête, de pratiquer la gratitude et la pleine conscience dans la vie quotidienne.

Pour continuer à développer son intelligence amoureuse, il est recommandé de s'auto-évaluer régulièrement, d'apprendre continuellement de nouvelles compétences, de les appliquer dans d'autres domaines de la vie, tels que les relations familiales et amicales, la vie professionnelle et le travail en équipe, et la relation avec soi-même et l'estime de soi.

En résumé, l'intelligence amoureuse est un ensemble de compétences clés qui peuvent aider à construire et à maintenir une relation amoureuse épanouissante et saine. En étant conscient de ces compétences et en travaillant constamment à les améliorer, il est possible de construire une vie amoureuse heureuse et durable.

b. Les bénéfices de l'intelligence amoureuse pour une vie amoureuse saine et heureuse

En développant votre intelligence amoureuse, vous

vous donnez les moyens d'améliorer votre vie amoureuse de façon significative. En effet, les bénéfices de l'intelligence amoureuse sont nombreux et peuvent être ressentis à court et à long terme.

Premièrement, en étant conscient de vos émotions et en développant votre capacité à les exprimer, vous éviterez des conflits inutiles dans votre relation. Cela vous aidera à maintenir une communication ouverte et honnête, et à renforcer la confiance entre vous et votre partenaire.

Deuxièmement, en développant votre capacité à comprendre les émotions de votre partenaire, vous améliorerez la qualité de votre relation en général. Vous pourrez mieux soutenir votre partenaire dans les moments difficiles, et mieux apprécier les moments heureux ensemble.

Troisièmement, en renforçant votre capacité à créer une connexion émotionnelle forte avec votre partenaire, vous consoliderez l'intimité et la satisfaction dans votre vie amoureuse.

Quatrièmement, en développant vos compétences en matière de gestion des conflits, vous éviterez que les désaccords ne dégénèrent en situations conflictuelles qui pourraient nuire à votre relation.

Cinquièmement, en apprenant à pratiquer la pleine conscience dans votre vie quotidienne, vous réduirez le stress et l'anxiété, ce qui vous aidera à améliorer votre bien-être émotionnel et physique.

Enfin, en appliquant les compétences d'intelligence amoureuse dans d'autres domaines de votre vie, tels que vos relations familiales et amicales, votre vie professionnelle et votre relation avec vous-même, vous améliorerez la qualité de toutes vos relations, ainsi que votre estime de vous-même et votre bien-être général.

En somme, l'intelligence amoureuse s'avère indispensable pour maintenir une relation amoureuse saine et heureuse, ainsi que pour améliorer la qualité de toutes les relations dans votre vie. En développant ces compétences, vous vous donnez les moyens de vivre une vie amoureuse plus épanouissante, plus satisfaisante et plus enrichissante.

c. L'importance de la pratique continue de l'intelligence amoureuse pour maintenir une relation épanouissante.

Une des clés pour maintenir une relation amoureuse épanouissante est de pratiquer continuellement les compétences de l'intelligence amoureuse. Rappelez-vous toujours que ces compétences ne sont pas des compétences innées, mais qu'elles doivent être développées et améliorées avec le temps et la pratique.

La pratique continue de l'intelligence amoureuse implique une attention constante à soi et à son partenaire. Cela signifie être présent dans la relation, communiquer efficacement et honnêtement, maintenir une connexion émotionnelle, résoudre les conflits de manière constructive, renforcer l'intimité et la sexualité, et continuer à apprendre et à se développer ensemble.

La pratique continue de l'intelligence amoureuse comprend aussi des activités et des exercices réguliers qui aident à renforcer ces compétences. Par exemple, prendre le temps chaque jour pour exprimer sa gratitude envers son partenaire, se donner mutuellement des compliments, ouvrir des espaces de dialogue pour discuter des sujets importants pour la relation, ou encore chercher activement à comprendre les émotions et les besoins de l'autre.

En pratiquant régulièrement les compétences de l'intelligence amoureuse, vous vous assurerez que votre relation reste saine et épanouissante. Vous resterez ainsi connecté à vous-même et à vos besoins, et développerez une estime de vous positive qui vous aidera à naviguer avec succès dans toutes les situations de votre vie amoureuse.

Conclusion

Et voilà, vous voici arrivé à la fin de votre voyage pour devenir expert en intelligence amoureuse ! Vous êtes désormais prêt à conquérir le monde de l'amour et à construire des relations saines et heureuses. Ou du moins à essayer, car, soyons honnêtes, le monde de l'amour peut se montrer chaotique, et, parfois, vous n'y pourrez rien, et vous ne devrez pas vous en blâmer.

Comme nous l'avons vu au cours de ce livre, l'intelligence amoureuse est un concept essentiel pour construire et maintenir des relations amoureuses saines et épanouissantes. Au fil des différentes parties, nous avons exploré les multiples dimensions de l'intelligence amoureuse, telles que la gestion des émotions, la communication efficace, l'empathie et la compréhension de l'autre, ainsi que les compétences liées à l'intelligence émotionnelle.

Nous avons également discuté des avantages de l'intelligence amoureuse dans une relation amoureuse, ainsi que des raisons pour lesquelles elle peut être difficile à développer.

En outre, nous vous avons fourni des stratégies concrètes et des techniques pour développer votre propre intelligence amoureuse, reconnaître et comprendre les émotions des autres, améliorer la communication dans la relation amoureuse et résoudre les conflits de manière constructive.

Enfin, nous avons exploré les éléments fondamentaux pour construire une relation amoureuse saine et heureuse, tels que la confiance, le respect mutuel et l'engagement, ainsi que les pratiques pour maintenir une connexion émotionnelle forte.

Ce livre renferme des connaissances précieuses et des outils pratiques pour développer votre propre intelligence amoureuse et construire une relation amoureuse épanouissante, aussi n'hésitez pas à y retourner pour y piocher des conseils au gré des moments de votre vie où ceux-ci pourront vous être utiles.

Car souvenez-vous que l'intelligence amoureuse est une compétence qui se développe, s'affine et se perfectionne avec la pratique et l'engagement continu. Ce n'est qu'en poursuivant l'application des compétences d'intelligence amoureuse dans toutes les facettes de votre vie que vous pourrez vraiment améliorer votre bien-être émotionnel, renforcer vos relations avec les autres et atteindre une vie amoureuse saine et heureuse.

Ne vous découragez pas si vous avez l'impression de ne pas y arriver tout de suite, cela prend du temps et nécessite un peu de pratique. Mais, avec les astuces et techniques que nous avons partagées dans ces pages, vous êtes sur la bonne voie. L'intelligence amoureuse ne s'arrête pas à la fin de ce livre, c'est un voyage qui dure toute une vie, et il y a toujours des opportunités pour continuer à apprendre et à grandir.

Alors n'ayez surtout pas peur de mettre en pratique ce que vous avez appris ici, de sortir de votre zone de confort, d'essayer de nouvelles choses, de vous remettre en question et de vous investir dans votre relation. Et n'oubliez jamais de vous amuser ! Car, en définitive, l'amour est avant tout une extraordinaire et merveilleuse aventure, aussi passionnante qu'enrichissante, une aventure qui mérite à coup sûr d'être vécue.

« Chère lectrice, cher lecteur,

Comme à mon habitude, je tiens tout d'abord à vous remercier personnellement d'avoir lu mon livre *L'INTELLIGENCE AMOUREUSE : Comment développer facilement une compréhension émotionnelle et une communication efficace, afin de construire une relation amoureuse saine et heureuse.*

Une fois de plus, j'ai mis tout mon cœur et mon expérience dans ce livre pour vous donner les outils et les connaissances nécessaires, afin que vous puissiez développer votre compréhension émotionnelle et votre communication dans vos relations amoureuses.

Je sais pertinemment que le chemin pour développer l'intelligence amoureuse semble parfois difficile et semé d'embûches. Il faut du temps, de la patience, et un réel engagement envers soi-même et envers son partenaire.

Mais je suis convaincu que vous avez les capacités pour y arriver et que vous parviendrez à créer une relation amoureuse saine et heureuse.

N'oubliez pas, s'il vous plaît, de prendre quelques minutes de votre temps pour laisser votre avis, ou simplement une note, sur Amazon. Je suis toujours gêné de vous demander cela, mais, pour vous, cela représente peu d'effort et, pour moi, cela compte énormément : vos retours aident à faire connaître mon livre et votre opinion permet à d'autres personnes de le découvrir et d'en tirer profit également.

Je vous remercie à nouveau du fond du cœur pour votre soutien et votre confiance qui sont réellement inestimables pour moi, et je vous souhaite le meilleur dans votre vie amoureuse, en espérant que ce livre vous sera utile pour atteindre tous vos objectifs.

Avec empathie et gratitude,

Nathan Stone »

Du même auteur aux éditions BLACK & RED

CHARISME FÉMININ

Devenez facilement et rapidement
une femme influente, écoutée, respectée et admirée,
et brillez comme un diamant
en société et en toutes circonstances

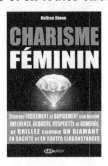

CONFIANCE EN SOI, ESTIME DE SOI

Comment cultiver et renforcer la confiance en soi
et l'estime de soi au quotidien, et s'affirmer en restant
soi-même pour vivre pleinement sa vie

SÉDUIRE L'HOMME DE VOS RÊVES

Tous les secrets pour trouver, séduire et garder
l'homme qui vous convient

PIMENTER SON COUPLE

Les clés indispensables pour échapper à la routine,
entretenir la flamme, rendre votre relation plus
passionnée que jamais et réussir votre vie de couple

Printed in Great Britain
by Amazon

24714835R00066